لاجديد

طارق التريري

طارق التريري, Published by 2022.

While every precaution has been taken in the preparation of this book, the publisher assumes no responsibility for errors or omissions, or for damages resulting from the use of the information contained herein.

لاجديد

First edition. June 16, 2022.

ISBN: 979-8223218166

Written by طارق التريري.

لكُل مُحبي الشعر

إعدام

دمنا السايح كميه
وابننا المخطوف ضحيه
وعرضنا المهتوك صبيه
وكُلنا النايح وليه
ولسا فينا سفيه يقاوح
لسا فينا نفوس غبيه
ألف نيل مايزيل وسخها
ألف فجر ومغربيه
وألف ألف لسان بيدعوا
ويهتفوا لرب البريه
يبقى نفس الحُكم فيهُم
ألف مره وقول شويه
ألف دا قُليل عليهم
مصاصين دم البهيه
ومهما بيزيدوا المشانق
مُستحيل تركع بهيه
جايه ساعة الحق لازم
حتى لو طالت شويه
ولسا فينا صلابه باقيه
ولسا باقي نفوس أبيه
مهما هونا وهان عليهُم
دمنا السايح كميه
وابننا المخطوف ضحيه
وعرضنا المهتوك صبيه
وكُلنا النايح وليه
بس قايمه تقول ياتاري
واللي جاي زمان بهيه

مصر كدبه

مصر كدبه كبيره جداً
واللي فيها مصدقين
إنها حتحُط حداً
للشمال وتروح يمين
وان لا مؤاخذه الغلابه
يبقوا زي الرقاصين
في الحقوق أو في المُعامله
أو في حظ الطبالين
واللي عايشينها براحتهُم
من كتير جداً سنين
مولودين بالأشيه معدن
واحنا ليهُم خدامين
ورثُهُم طبعاً عبيدهُم
لأ وايه مش مبسوطين
مننا ومن طول لسانا
نمردتنا فكُل حين
والمُطالبه يكرمونا
لما يبقى فيه عجين
أي لُقمه تسد جوعنا
ومش ضروري مغمسين
والردود دايماً علينا
بس ياولاد اللعين
ياللي مُش حاسين بحاجه
وياللي كدبه مصدقين
انها حتحُط حداً
للشمال وتروح يمين
وهوا دا الوضع الطبيعي
لو عاجبكوا مكملين
مُش عاجبكُم؟ زي ما انتُم
وابقوا ليها مصدقين

2

جيل يسلم في اللي بعدو
ومنتظر تدخُل يمين

دام يناير

دام يناير دام خُلودو
ودام على الكُل انتصارو
دام برغم الحقد فيهُم
والتمني ب انكسارو
مهما عادوا ومهما قالوا
ومهما بيحبو انحسارو
لسا زاهي ولسا باقي
ولسا بيهد ف جدارو
ناوي يُخرُج غصب عنهُم
تاني وينادي اللي ثاروا
ويفتحوها كتير مداين
مهما علوا ومهما داروا
تتكشف كُل الحقايق
واللي باطل بان عوارو
واللي خان بانت حقيقتو
والمشانق في انتظارو
واللي راجع تاني يكدب
جوا بير حيكون قرارو
والجميع حيكون في واحد
كُلنا بياخُد بتارو
م اللي مُش طايق يناير
واللي حالم بانحسارو
والهتاف م الكُل واحد
دام يناير دام خُلودو
ودام على الكُل انتصارو

القهر

مُش جديد القهر فيكي
ياللي مولوده بقَهرِك
حظنا فيكي الهزايم
عُمرنا ما شوفنا نصرِك
كُلنا اتعود عليكي
وكُلنا شاكك في أمرك
هل صحيح فعلاً ولادك
نبتتك زرعك وزهرك
ولا كُنا جنب معبد
لمتينا وصرنا منِك
توهبينا عبيد لبُكرا
بس مُش لحمك ودمك
ياللي عُمرك ما استقمتي
ومره قومتي سندتي ضهرك
مره واحده تقولي لأاا
واثبتيلنا مره طُهرِك
واشرحيلنا ليه انكسارك
طبع غالب زي صبرك
واحنا بس عبيد لبُكرا
ودمنا الشُريان لنهرك

ثوره جايه

ثوره جايه غصب عنهُم
شمس حتزيح الجميع
رغم كُل ضباب سمانا
ودمِنا المعروض لبيع
حلمنا النابت في صخرك
بس فاتح للجميع
ألف طاقه وألف سكه
وألف مية مليون رضيع
كُلهم ماسك في حلمو
وكُلهم رافض يبيع
لسا ماتلوثش طبعو
ولسا بيعيش الربيع
لسا بيقاوح ويحلم
يرسمك فجرو البديع
ينحتك فرحة زمانو
ويُنقُشك بُكرا الوسيع
لم كُل الناس وغنا
ثورة جايه وللجميع
فاتحه إيدها وجايبه بُكرا
وبُكرا مُش مُشتاق يبيع
أي جُزء من الأماني
وحلمنا الباهي البديع
ثوره جايه وغصب عنهُم
شمس وتزيح الجميع

سنه 100

لما فجأه بتلقى وشك
شكلو عدا المية سنة
بس بتقاوح وتنكر
لأ طبعاً مُش أنا
وانتا عارف إنو انتا
بس عامل مُش هنا
وانك انتا خلاص مسافر
حتى هارب م ال أنا
من حدودك من وجودك
من فراغ الأمكنه
ذكرياتك وانهزامك
والوعود المُحزنه
إن مره تعود لذاتك
فجأه وتلاقى ال أنا
فيك وتتصالح معاها
أو تعيش الأزمنه
زي ماهيا بوجعها
وزي مايكون الغُنا
مره فرحه ومره همسه
ومره حُزن لمية سنه
تبتدي تراود في نفسك
للحلول المُمكنه
وانك انتا خلاص مصدق
ان عُمرك مية سنه
وابتدى اتقبل هزايمك
فين حتهرب م ال أنا
ليل نهار تجلد في حلمك
بالأماني المُدمنه
للرحيل دايماً وأبداً
وانتا مستني الغُنا

فيك حيطرح يوم وتقدر
فيك تصالحها ال أنا
تبتسم وتمني نفسك
بالحياه لميتين سنه
منتظر تعويض خسايرك
في اللي فات م ال 100 سنه

مُصيبة بُكرا

بُكرا مابيجيش في بلدي
إلا لو جايب مُصيبه
إلا لو سايل في دمو
وذامم السِحنه الكئيبه
إلا لو مطحون في همو
وخيبه بتوصل لخيبه
ماسكو مية مُخبر وأكتر
يرزعوا فباب الزريبه
وهوا بيحاول يفلفص
بس بيقاوم بريبه
عارف ان الحُكم جاهز
والنهايات القريبه
لأي حد فمره يحلم
أو حيتعامل بطيبه
أو يصدق يوم حتفرج
ينفتح سجن الحبيبه
يسمحولها بشبه طاقه
والأمل مايكونش خيبه
يبقى فيها الحلم مُمكن
مُش حرام أو شبه عيبه
وبُكرا يُشرُق وف معاده
وييجي وحدو بدون مُصيبه

كومبارس الأُمم

أُمه تافهه أُمه خايبه
أُمه كومبارس الأُمم
كارهه نور الحق فيها
وراجعه تسجُد للصنم
جف فيها الشوق لبُكرا
ومُدمنه لعيشة الغنم
راعي بس وحيد يسوقها
ومُش مُهم يكون عَلَم
أي خايب أي تافه
أي رمه من الرمم
فجأه ليها بيبقى سايق
يبقى فيها من القمم
تعشقو وتبدء تحايلو
وتوهبو بكُل النعم
واللي فاهم فيها سُبه
وبدري لازم يتعدم
مُستكينه وكارهه تحلم
مُدمنه وبس لنعم
اما لأ فتبقى فاسق
تبقى كافر بالنِعم
وانتا وكلابهُم وعرضك
تنهشك وتزيد ألم
والجميع يتمنى حرقك
يسحقك وتصير عدم
أُمه ساكته أُمه نايمه
أُمه في ديل الأُمم

غلطه

عارف اني حقيقي غلطه
واني مُش أهل لزماني
واني حلم قديم وبايخ
عمرو مابيطرح أماني
واللي زي لابُد يخلص
ينتهي و مايكونش تاني
ف مسرحيه سخيفه جداً
والجميع مالل معاني
من وجود الدور دا فيها
وانتظارهُم حد تاني
حد منهُم من زمنهُم
حد مش مخلوق يعاني
حد عايش واقعو فعلاً
مُش أسير شعر وأغاني
حد من أهل الزمن دا
مُش من الزمن اللى فاني
حد كُل حدودو نفسو
وكُل همو يكون أناني
وحدو عايش جوا نفسو
شبه منزوع الأماني
إلا لوكانت لنفسو
والضياع للأي تاني
وقتها سهل الموائمه
وابدء اتقبل زماني

بواقي بني أدم

بواقي بني أدم
وباعافر اسندني
وانوي كتير جداً
حابطل اجلدني
وافتح طاقات فيا
للحلم ويزيدني
حلمي بطاقات أكتر
واتمنى واوعدني
بُكرا أكيد أحسن
مهما تعاندني
كُل الطُرق فيا
وتزيد وتوئدني
وتجيبلي من الأخر
وتقولي كابدني
لكني باتغافل
وانوي حاصاحبنى
واخُدها ببساطه
واعمل مساندني
واجمع اشلائي
واحاول اوعدني
ببواقي بني أدم
وباعافر اسندني

تستاهلى

تستاهلى أكتر من كده
ياحزينه دايماً مُجهده
غرقانه سكناكى الهُموم
مهدوده كُل الأعمدة
والحلم فيكي مُستحيل
مكلوم وتايه في المدى
مُشتاق يُدق الباب في يوم
يلقاكي طارحه مورده
وإيديكي بتطبطب عليه
ف عنيكي مرسوم الرضا
من إن بُكرا أكيد قريب
والفرح فيكي خلاص بدا
وحنبقى فيكي المستورين
وانتي الأميره المُسعده
بس الكلاب ماليه السكك
زارعه النصال في الأورده
مرعوبه إنك تحلمي
تحي النشيد في الأفئده
وتهبي مره نقول خلاص
قامت وحتجيب الهُدى
وانك أكيد مليار أكيد
تستاهلي أكتر من كده

وهم

لا فادك شعر ولا مغنا
ولا نفعك سهر ليلك
واديك وحدك على الهامش
وبتعد اللي باقيلك
ومستني الوعود تطرح
وتتجمل وتديلك
وتفرشلك كمان بُكرا
وفيلا كبيره تبنيلك
وتُخطُب لك بنات ياما
بتغزلك مواويلك
وقوم ارقُص بقى رومبا
وسامبا ويبتدي ليلك
كأنك شهريار عصرك
ومية جاريه بتهديلك
غرامها وتشتهي وصلك
وترقُصلك تغنيلك
ولازم شهرزاد تختم
حواديتها وتحكيلك
لكن فجأه بصوت خافت
جروح روحك بتشكيلك
وبتقولك خلاص راحت
ماعادش ياما باقيلك
لافادك شعر ولا مغنى
ولا نفعك سهر ليلك

وطن للنسيان

حلك النسيان ياوطني
بس مين؟ يقدر عليه
جوا روح الروح نسيجك
عشقك المغزول ب ايه
بالدموع والصبر وانتا
همنا المرجوع إليه
مهما زاد الجرح فينا
ومهما يشنُقنا بإيديه
حتى لو ظالم نحبو
وننهزم نشتاق إليه
رغم كُل الهم فينا
واننا المغضوب عليه
م البدايه للنهايه
وعمرنا ماعرفنا ليه
وان كُل عذابو لينا
وحلمنا المغلول إيديه
بس تاني وتاني نرجع
والسؤال راح نعمل ايه
حلك النسيان ياوطني
بس مين؟ يقدر عليه

ناس ودُنيا

دُنيا فجأه بتبقى تانيه
وناس بتتبدل بناس
كانوا حلمك كانوا زادك
كانوا ليك هُما الأساس
واللي فاضل بس ترحل
م الوشوش دي يكون خلاص
تبتدي تلملم في حلمك
تسألك فين المناص
صمتك الدايم يجاوب
بابتسامه وهز راس
المُهم ان احنا نرحل
دا الأهم ودا الأساس
بعدها ما بقتش تفرق
نعتزل أو نلقى ناس
نلقى أرض تغوص جُذورنا
أو يكون نهايتها فاس
يقطع الجذر اللي فاضل
م الوشوش دي يكون خلاص
دُنيا فجأه تروح لحالها
وناس بتتبدل بناس

الحقيقه

مُش لوحدي ومُش عجيبه
ومُش مخالف للنظام
حالي زي كتير في دُنيا
فجأه مُش طايق كلام
زي حالة ناس كتيره
وحدها ف عز الزحام
ماشية بتحاول تساير
يومها ويعدي بسلام
يائسه عايزه العُمر يخلص
والسنين دي تفوت قوام
والمحطه الجايه تنزل
تندفن وتقول تمام
يااااااه على الرحلة الطويلة
وياااه على قصور الكلام
فجأه بتوديك لتُربه
وفجأه تتحول عظام
حلم كان نشوان وعاشق
فجأه يتحول رُكام
فرق باين فرق واضح
بين بدايه وبين ختام
كُنت مستنيها تطرح
فجأه باتحول عظام

بدله كاكي

مبروك يا ابو بدله كاكي
يامزود همها
خليك ع التل قاعد
خِلصت وخربتها
مُش فاضل أى حاجه
غير تشرب دمها
وتزود في الجماجم
وبيوتها تهدها
تفتح سوق النخاسه
وتبيعنا تفُضها
أحلام ببلاد حتفرح
أو يسعد أهلها
أو مره يجيلها فارس
شارب من نهرها
عاشق أهل البلد دي
أو صاين حدها
همو يطيب وجعها
ودواها يجيبلها
مهما يواجه مكمل
وبيغزل حلمها
مُش بس لخيرها ناهب
أو ماصص دمها
غاصب كُل اللي فيها
قاعد على تلها
صارت كما شِبه دوله
موبوءه وهمها
تخلص منك وترجع
من تاني لأهلها
والكاكي يكون مكانو
بيأمن حدها

مُش تاجر أو مقاول
أو فاتح سجنها
ل اللي بيحلم يشارك
أو شايل همها

مُش تاجر أو مقاول
أو فاتح سجنها
ل اللي بيحلم يشارك
أو شايل همها

يوم بيومو

لمايبقى اليوم بيومو
وبُكرا مش مستنى منو
أي شئ مُمكن يفرح
أو جديد تسألنى عنو
غير كلام في الحلق يابس
وانتظار للبوح كأنو
حلم ما اتحققش ابداً
أو ف يوم قربت منو
أو وعدني بمره حتى
وابتسم أو شُفت سنو
والسنين ما بقتش تطرح
غير صُداع موعود بزنو
كُل ساعه وكُل لحظه
والضُلوع للراحه حنو
نفسي بس ف يوم يعدي
والهموم منزوعه منو
مره واحده الحلم يكمل
وان ماجاش يبعتلي رنو
يحي جوا الروح أملها
بُكرا جاي وقوموا غنوا
وانسى اعيش اليوم بيومو
ويجي بُكرا استنى منو

تفويض

يبقى اللي فاضل تفويضين
بعديها تاج المملكه
ونقول خلاص مبروك عليك
جابت نتيجه السهوكه
حبة كلام على نحنحات
على كوم وعود متفبركه
كائن وضيع لِم القطيع
وخُد الجميع ع المهلكه
والحلم يوم عن يوم يضيع
والباقي بس الفذلكه
وكلام كتير عن بُكره جاي
بيه البلاد متمسكه
حلو الوحيد إيد من حديد
تضرب وتنهي السهوكه
ويهل بُكره بدون سفيه
ولا تفويضات متفبركه

البتاعه

كُل سُكان البتاعه
زهقوا جداً ملوا جداً
قرفوا جداً م البتاعه
نفسُهُم تفرج عليهم
ينصلح حال البتاعه
ترجع الأمجاد ونصبح
في الأمم مُش كالبتاعه
نبني تاني بلاد وحُره
زارعه صانعه ومُش بتاعه
شايله دايماً هم بُكرا
وخايفه جداً م البتاعه
بعضُهُم حيقول دي أزمه
وبعضُهُم شايف مجاعه
ورغم كُل الهم برضو
لسا بيحبوا البتاعه
نفسُهُم تكبر وتطرح
طرحها يملا البتاعه
وياما ضحوا بكُل غالي
وحلمُهُم تصحى البتاعه
ولما فاض الهم بيهُم
كُلُهُم نزلوا البتاعه
لموا أهل العشق فيها
وشالوا أعلام البتاعه
ف كُل درب ف كُل حاره
ف كُل شارع م البتاعه
والنشيد من كُل حته
عالي بيصحي البتاعه
فجر بالأفراح بينده
مصر رجعت مُش بتاعه
وابتدينا الحلم نغزل

بس ياخساره البتاعه
راجعه تاني تزيد وجعنا
وصممت ترجع بتاعه
والجميع غرقان في حُزنو
ومنتظر تصحى البتاعه
مصر تاني تقوم وتطرح
تنتفض تنهي البتاعه

المُستحيل

حاولت بعد المُستحيل
بس الأماني مقفله
مليان نشيدك بالآنين
يبست خلاص السُنبُله
خطوك ب ينبش في الطريق
حلمان تكون متسهله
أو حلم ييجي يبل ريق
تتفك مره السلسله
وتلم روحك م الشتات
تتحل فيك المُشكله
تفتح بيبانك ع البراح
تبدأ في غزل الدندنه
قمرك بيرجع م الغياب
وتدوب في عشقك والوله
وتعود لنفسك م الرحيل
وتقول حاحل المسأله
بس الطريق لساه طويل
لسا الأماني مقفله

السجن للجميع

اهلاً اهلاً بالحبايب
خُش واركن ياسمك ايه
جنب اخوك شرف ياناصح
خف حبه اللوم عليه
اللي صابو اهو برضو صابك
والمُعايره تفيد ب ايه
في النهايه مصيركو واحد
واللي جاي معروف يابيه
عض في الزنزانه لومها
وكُتر عضك يعمل ايه؟
عُمرو مايرجع يناير
أو ميدان نشتاق إليه
لمت الميادين فرحها
وغربت تندب عليه
باللي زيك واللي زيو
حلمنا اتقفل عليه
وفى النهايه اديك مشرف
خُش واركن يا اسمك ايه
مش مُهم مقام جنابك
مش مُهم عملت ايه
مهما كُنت رقصت يعنى
وخونتنا وبشرت بيه
وانسحرت بلين كلامو
واتراهنت كمان عليه
هوا دا الفجر اللي طالع
مُش صاحبنا اللي أسمو ايه
ومُش مُهم فصيل جنابك
والتوجه وأبصر ايه
ولا خلفية سعادتك
عمه كانت أو باريه

المُهم الكُل شرف
وداق نعيم بشرنا بيه
مصر فاضل فيها شبر
ونبتدى نقفل يابيه
تبقى سجن كبير عمومي
ل اللي مُش راضيين عليه

إبداع

مُش مُهم كتير عددهُم
مُش مُهم يكونوا مين
مرتاحين في الدُنيا جداً
أو غلابه ومُعدمين
عُمرُهُم أو لون وشوشهُم
ولا جُم أصلاً منين
المُهم الصدق فيهُم
والأهم المُغرمين
أد ايه لحنك أسرهُم
والأغاني مصدقين
حلمُهُم تفضل تغني
مهما بتمُر السنين
مشدودين ل اللحن جداً
وبنشيدك مؤمنين
مهما طال الوقت لسا
لانصهارك مُشتاقين
تتحد ذاتك في لحنك
والغنا يمطر حنين
غني مهما يكون عددهُم
غني مهما يكونوا مين
المُهم ان انتا صادق
وانُهُم م المُغرمين

فقر العُشّاق

والحقيقه ان انتا عاشق
بس مش قادر تقول
والسهام في القلب ساكنه
ومشتعل نفسك تنول
بس يعني الإيد قصيره
والفلوس داقه الطبول
اعلنت ليك العدواه
وصار مافيش بينكُم قبول
والدولار لو صُدفه شافك
فجأه يتبخر يزول
عُمرو يوم ماف مره خبط
أو نوى في جيبك نزول
والمُهور عماله تغلى
وانتا حالتك في الذبول
فقرك الضارب بجذرو
مش حيصبحله افول
أو يشوف كدا حد غيرك
وانتا تصبحلُه عزول
مره ياخُد يوم اجازه
وانتا تتجرأ تقول
إنك انتا حقيقي عاشق
وإنك انتا معاك تنول
مهما كان المهر غالي
ومهما كان تمن الوصول

إنسحاب

في انسحابك خطوه خطوه
لجوا نفسك م الحياه
والرحيل لكهوف بعيده
مُجهده وحانيه الجباه
لانكسارها ولانهزامها
وحُزن مُش باين مداه
والكلام بس لخيالك
بالإشاره وشبه اه
والخُضوع هزة دماغك
أو محاولة الانتباه
للفصول عماله تنحت
في الضُلوع مليون قناه
كُلُهُم جافين ودمعك
لسا واصل مُنتهاه
وانتا وحدك ثُم وحدك
معبدك مليان طُغاه
كُلُهم كاره وجودك
والنشيد فوق الشفاه
إنك انتا خلاص بتخلص
مشتهي تفارق الحياه

نموت وتحيا

نموت نموت وتحيا مصر
وموتنا كتير وماجاش العصر
اللي نشوف طواغيتها بترحل
أو يوم ناويه تسيب القصر
وتنزل مره تشوف احوالنا
او تواسينا ف عيشة القهر
من باب حتى اهو بنطمن
ع التايهين في شوارع مصر
واللي خلاص بيجيبوا أخرهُم
واللي همومهُم فوق الحصر
والماسكين في خناق الدُنيا
والراضيين بالعيشه الكسر
لأ وكمان مُش راضي جنابو
ووصى كلابو يزيدوا العصر
لحد خلاص مابقينا بنشحت
وبنتمنى نُقع في الآسر
أي قبيله تاخدنا رهاين
بس يكون براها لمصر
علشان ماتوا كتير قبلينا
وعُمرها مره ماعاشت مصر
إلا عشان تحلب تديهُم
واحنا يادوب بنعيش للعصر

إنجازات

انجازات وكتيره جداً
انجازات وبدون نهايه
خوخت دبلت ونشفت
في الفراغ مليار حكايه
وكُل خيبه وراها خيبه
والمُهم إنك معايا
يبقى ليه حاشغل دماغي
وابتدى ف عد الخطايا
ما انتا زي الفُل واحسن
كُل يوم واهو ليك روايه
أي نعم مواضيعها تافهه
بس محبوكه بعنايه
وحتى لما سراب بتطلع
كُلو بيردد معايا
يعمل ايه؟ ما هو غصب عنو
واحنا اسباب الغوايه
هوا صح وصح جداً
واحنا معدومي الربايه
فيها ايه يعني اما يغلط
ويبقى بُكرا سراب ورايا
ربنا يخليه ويغلط
شا الله نوصل للنهايه
ما البلد مكتوبه ب اسمو
واحنا فارشين الملايه
لأي حد ف يوم يفكر
يعترض على دي الروايه
الهابطه بايخه بذيئه جداً
بس محبوكه بعنايه
لاجل ما نسلم ونسكُت
ننتظر بس النهايه

مشايخ السُلطان

سيبك م الأُمه اللي بتولع
واطربنا ياشيخ
واتمايل أوي وانتا بترقُص
هز الشخاشيخ
واحكيلنا ازاي شايف بُكرا
ومن شرم الشيخ
وايه رأى الدين بقى في مراقيا
وصوت الطخ طيخ
لما الشمبانيا كده تفرقع
والجو فشيخ
والكُل بعينو بيمغمزلك
فبلاش توبيخ
والقعده الحلوه ما تتعوض
ولا أحلى صريخ
م النشوه وصوتك في الفتوى
وبعديها طبيخ
عن دين يناسبكوا انتا وهما
وشروة بطيخ
احمر ولذيذ أوي ومعسل
واحنا التوبيخ
هوا اللي بناخدوا ف دين أهلك
أهل التلطيخ
لعداله وحق وحُريه
بينكرها الشيخ
والدين في دماغو عشان يخدم
ولأي مسيخ
ويكونلو نصيب في السبوبه
ويترقى الشيخ
والقعده تكون اما مراقيا
أو شرم الشيخ

القرار من تل ابيب

لما تبقى الدُنيا كُخه
واسرائيل هيا الطبيب
والعُروبه جنان وسُبه
والقرار من تل ابيب
والحروب كانت مُناكفه
جُزء من ضرب الحبيب
واللي هوا لذيذ ومُمتع
أحلى من أكل الزبيب
وانو يعنى ترامب طيب
بُقو مايطلعش عيب
وان فهمك لسا ضيق
يعني ما بتعرفش غيب
يمكن الصالح معاهم
هُما شاربين الزبيب
حتى لو ضد الشريعه
وسُنتو لسيدنا الحبيب
يبقى مصلحتك تماين
وافتهم خليك أريب
مشي حالك فوز بنفسك
ولا يوم دفنك قريب
أو تشوفلك حل تاني
وتبتدى تسافر تغيب
عن حقايق ساكنه عقلك
من صراع وكلام غريب
انُهُم هُما اللي كُخه
وانُهُم هُما اللي عيب
صاروا أقرب من وريدك
والقرار من تل ابيب

دم مش غاز

مهما زاد جبروت كلابو
ومها عاث فيها العويل
برضو يفضل قزم تافه
ولرجولتو يعوز دليل
غار سليل المُحنجيه
وغار كمان زمنو الرذيل
واحنا نمسك جمر قايد
ماحنا فينا البال طويل
نقضي كُل الليل بشمعه
وإلا غازك يا اسرائيل
عُمرو مايبقى ميه دمي
ومُش قُصادو الغاز يسيل
دمي لازم دم زيو
وعُمرو ما يضل السبيل
مهما ينهش كلب فينا
ومهما كان الليل طويل
جاي يوم ويطول حسابو
ودم يااااه مُش غاز يسيل
مهما طال الصمت بينا
ومهما ظنوا المُستحيل
ان مره حننسى تارنا
واننا نطاوع العويل
مهما زاد جبروت كلابو
ومهما طال وهم اسرائيل
عُمر دمي مايبقى ميه
وعُمر دمي ماغاز يسيل

الحق نسبي

لما يبقى الحق نسبي
والتاريخ وجهة نظر
والحقيقه تجيب مشاكل
والنفاق بُعد النظر
والكتاب مهجور ومنسي
والجميع عُباد بقر
والجهاد لأ مُش فريضه
والخُضوع هوا القدر
والكياسه ان انتا تركع
لما ضهرك ينكسر
وان لما تشوف عدوك
جاث في أرضك وانتصر
تعمل إنك مش ملاحظ
تهدا وتغُض البصر
أو تبُص لفوق تبحلق
في النجوم حاضنه القمر
والنباح من كُل حته
عاش زعيمنا المُنتظر
والزعيم عمال بيُخطب
والجميع مليان ضجر
هوا نفس النص هوا
ومن زمان نفس الخبر
اننا حندين بشده
وان فيه وجهة نظر
فجأه تلقى الأُمه شاخت
في الحياه مالهاش أثر
والكلاب من كُل حته
وانتا بتغُض البصر
ما انتا عربي وكُل همك
فجأه صار بُعد النظر

واللي هوا إنك تنافق
كُل شيئ حتى القَذَر
اللي كان في شتاتو منفي
وفجأه فيك حل وأمر
لما صار الحق نسبي
والتاريخ وجهة نظر

حلم خَالى من العساكر

حلم عُمري

لما اموت ويحل أجلي

والحياه تخلص واسافر

ما اندفنشي وما اتحشرشي

وما اتحاسبشي مع العساكر

مفضوحين يوم القيامه

وظُلمُهُم مالي الدفاتر

يوم طويل حيكون حسابُهم

ربي ما يجعللو أخر

وطوا راسهُم عند ربك

كُل باغي وصارلو أخر

مهما برر مهما جادل

ذُلو بان والحق قادر

واللي طاع الحق يسعد

اما دول فالكُل كافر

عشقُهم ذُل الخلايق

همُهم نفضل نعافر

ع الرغيف حد اما نسقط

في السراب نفضل نسافر

وف صحاري الوهم نُصرُخ

م العطش والجو ماطر

والمطر محجوز عشانهُم

أو تكون أفاق وشاطر

فتشاركهُم في الغنايم

بالمداهنه وحقد سافر

ع البلد دي وع اللي فيها

وع اللي يوم فكر يجاهر

أنهُم سبب المصايب

وانهُم بيجيبوا أخر

أي حاجه يخُشوا فيها

وانُهُم مافيهو مش طاهر
أو مجاهر بالحقيقه
وان حصل دا بيبقى ساحر
يعدموه ويكون كعبره
للاوائل والأواخر

حيره

باختصار مابقيتش عارف
عقلي فين؟ أو ضد مين؟
في البلد دي حاجات غريبه
عايزه قُفة مُرشدين
مُش بتوع بلغ عن أُمك
لو خدوك المُخبرين
محتاجين اشكال بتتفهم
مُش كبار المدمنين
للبياده وللسياده
ول اللي سارقين الطحين
حد بس يقولي وافهم
في البلد دي العقل فين
العقيد بيبيع بطارخ
والطبيب عامل كمين
أي حد يخُش يدفع
وان فقير؟ لُه كليتين
هوا واحده واحنا واحده
والجميع مستهبلين
كنو يعني دي مُش بلدهُم
وانو منها معزلين
وانتقامهُم منها واضح
كُل وقت وكُل حين
لما شت الفكر خالص
والوجع فاق الآنين
والسؤال لساه بيُصرُخ
البلد دي رايحه فين

لما تبكي ان انتا مصرى

لما تبكي ان انتا مصري
م الوجع وتقول هويت
من علالى انا كُنت فيها
لشبه دوله وماسكه خيط
واهي جداً شبه دايب
كُل ثانيه تقول ياريت
كان ميلادي ف أي حته
أي شارع أي بيت
بس كان برا البلد دي
وفهواها مايوم هويت
فاستباحت دمي ميا
واتعصرت انا فيها زيت
زي ياما كتير سكنها
وارتضى يكون العبيط
هام وضيع عُمرو فيها
لشبه لُقمه وشبه بيت
شبه ضل بيستخبى
وماشى جنبو لأي حيط
واللى فاضل شرخ نايو
ودمعو لما يقول هويت
بس خانى العشق فيكى
واه يا جرحي انى ابتليت
سِم عشقِك فيا قاتل
واعمل ايه؟ ذنبي ارتويت
حد ما وصلِت الثُماله
والخُضوع مهما ارتأيت
إني مِنك مُمكن اخلص
والرحيل يبقالي بيت
باانتظر بس الإزاله
وارتعش يتشد خيط

يتسحب من بين ضلوعي
ومُت فيكي خلاص هويت
وييجي بعدي كتير ضحايا
بتنتحب وتقول ياريت
كان ميلادي فأي حته
أي شارع أي بيت
بس كان برا البلد دي
وفهواها مايوم هويت
وفي النهايه يزوم ويرعش
يتسحب من قلبو خيط
يهمسك ويغني اسمك
نفسي كان فيكي المبيت
بس فجأه الرحله تمت
وانتهت وخلاص هويت

همس

ب اهمس واحلِف لنفسي
واللهِ وحشتني
فينك يا أنا المهاجر
من بدري وسبتني
لوشوش ب البسها دايماً
ودروب بتشدني
لبعيد ابعد مايُمكن
ورحيل بيهدني
يبدُرني ف ألف صحرا
وعطشها يذلني
صبار في الدم ساري
يُعصُرني يصُبني
حواديت قدمت وباخت
وحبالها تلفُني
تشنُقتني فكُل لحظه
واحلامي بتنتني
ولا تشبه حاجه فيا
ولا مره تودني
ولاقادره تلِم حلمي
ولا قادره تُضُمني
مره تطبطب عليا
وتقولي وحشتني

بلاد كارهه المُبدعين

يا بلاد مش كارهه حاجه
غير بس المُبدعين
حالمين بالستر ليكي
والناس الطيبين
زارعين العشق فيكي
غازلين توب الحنين
فاتحين للحلم طاقه
وبقهرِك موسومين
وهباهُم للمنافي
ندراهُم للآنين
عُمر الأحلام ماتطرح
ولا بيكفي الخزين
ونصيبهُم بس مِنك
بُرش بينهش سجين
عَلِم في الجته راسم
أحلام جفت في طين
أبداً ماف يوم بيطرح
غير نبت كريه لعين
محصول واحد ودايم
طواغيتها المُجرمين
ماصين دم الغلابه
خالدين ومُخلدين
زرع ما يدبلش ابداً
طارح وف أي طين
مهما نسمِد ونعزق
ونراعي الطين سنين
لازم ولابُد خيبه
ونبات متحسرين
في بلاد مُش كارهه حاجه
غير ناسها الطيبين

عُشاق ريحتو لتُرابها
صابرين ومكملين
في العشق تقولش ايه
وفي غرامها المُبدعين
لكن ابداعها اكتر
في صدودها فكُل حين
توهبهُم ل المنافي
وتمنحهُم للآنين
ماهي مابتكرهش حاجه
غير بس المُبدعين
عاشقين الستر ليها
والناس الطيبين

خيبه دايمه

طبالين على أمنجيه
وكُلهُم بياع كلام
واللي فاهم حبه فيهُم
مهما ساد أو زاد علام
هز ديلو وراح يطبل
كلب ساجد للنظام
لو قالولو تبيع بناتك
همو بس يكون بكام
والبياده كُل عشقو
ليل نهار يدي التمام
حظها قليل بلدنا
مهما بتشد الحزام
مهما بتكابد في جوعها
لاجل توهبهُم علام
يكبروا ويشتد عودهُم
شُغلُهُم بس الكلام
بعد كُل العلم لسا
حلمُهُم خدمة نظام
مؤمنين جداً ب وسخو
بس يدولو التمام
لاجل ما ينولو المحبه
ويبلغو فمره المرام
والبياده تفتكرهُم
يبقوا جُزء من النظام
طبالين على أمنجيه
وكُلهُم بياع كلام
والبلد دي الباقي ليها
فقرها وشد الحزام
لاجل ما تخرج في عُلما
همُهم يدوا التمام

للسياده وللبياده
وكُل فاسدين النظام

عم يا عبد العساكر

عم ياعبد العساكر
ياللى في التطبيل تموت
مهما شُفت الدُنيا خربت
برضو عاشق للتحوت
جاهز التبرير ودايماً
واللى بيشخلل يفوت
في الحديد ويكون حبيبهُم
والخزين يملا البيوت
بس مايعمرش ابداً
والحرام مايدومش قوت
مهما تاكُل مش حتشبع
غير خراب يملا البيوت
بعدها بيفتى العساكر
انتا اسباب السقوط
والمشاكل منك انتا
ويبتدوا التفكير تموت
أى حُفره فأي صحرا
وتندفن ولا أي صوت
ينعى واحد من عبيدهُم
خدامينهُم بالريموت
عاش يطبل عُمرو كُلو
وف النهايه الجايزه موت
موتوه هُما بإيديهُم
غير خراب مالي البيوت
عم ياعبد العساكر
ياللي في التطبيل تموت
شيلوك البيعه وحدك
صرت أسباب السقوط
وما اتقاليتشي حسنه واحده
حتى لما شبعت موت

والجميع اتبروا منك
حتى عُباد الطاغوت
واللى كُنت الطبله ليهُم
والحلول كانت تموت

الأمان فى البرطمان

لما تقضي العُمر كُلو
وانتا خايف م الزمان
وبرضو يرفُض يبتسملك
يمنحك حتى الأمان
أو في مره الدُنيا تغلط
تندهك وتقول يامان
من زمان انا نفسي اصالحك
وابتسم واسقيك حنان
وتصحى فجأه تلاقى نفسك
جوا أصغر برطمان
خللوك ويا الأمانى
وانتظر لما الأوان
يبتدى يخضر ويطرح
مشمشك يملى العيدان
وابقى غطى ياحلو نفسك
سُرتك بدأت تبان
هيا مش سُره الحقيقه
وانتا فاهم ايه اللى بان
ف احتشم بقى غطى نفسك
واتعدل في البرطمان
وانتظر هانت حتفرج
بس مش معروف أوان
واللى فاضل بس تكه
وتتخنق في البرطمان
ويبقى حل مُريح وجداً
فجأه بتنول الأمان
برطمانك لك لوحدك
يااااه يابختك يااااه يامان

ذُلها الدايم

مُش غريب الذُل فيها
ومُش جديد وسَم الخُضوع
غيرش بس كلام مطنطن
عن حضاره وعن سطوع
جاريه من يوم الولاده
والفطام كان فى السُبوع
بعدها بتصبح نهيبه
وأي حد تكونلو طوع
غُز ماشي تُرك ماشي
حتى عُربان النجوع
غير بطالمه وفُرس برضو
وغُلب ساكن فى الضُلوع
م البدايه وهيا جاريه
وشعبها الموعود بجوع
مهما يزرع مهما يقلع
مهما يروي الغيط دموع
برضو لازم ييجي غاصب
ينهبو وتبكي الجموع
تبتهل تُصرخ وتندب
تنتظر للروح طلوع

غياب

لك فى طول الصمت ايه
ولك فى طول الصبر باب
وان حاولت ف يوم اعاتبك
ينكتب مليون كتاب
وانتا بتحاول تكابر
ترتحل جوا الغياب
وافضل اروى الحُزن فيا
وانتظر فرح العتاب
لما بس تشم خطوك
ينفتح فيا الرباب
لحن هادر لحن طارح
وابتسم رغم الصعاب
قولى امتى حقيقى راجع
امتى حيكون الإياب
ولا حافضل بس صفحه
بتنتحب جوا الكتاب
جوا صمتك جوا صبرك
جوا فى صمت الغياب
مل طوله الصبر قلبي
ومل كفى الألف باب

إنهيار قريب

مين اللي ساجن ضحكتك
سابي النهار
مين مالي ليلك عربده
وذُل ومرار
سايبك لوحدك تُصرخي
وكأنو تار
بايعك لوهم بيملكو
وواخد قرار
ياالكُرسي أو يتهدلك
أخر جدار
وهمان ورب المُصطفى
ومليان عوار
مهما العوالم طبلت
أو قاموا زار
باديه الحقايق تنجلي
وبان النهار
والوقت مهما يطولو
جايلو انهيار
حيدوق ويشرب علقمو
ويشرب مرار
وده أمر حتمى ويعرفو
حتى الصُغار
فى السن مش فى المرجله
وخيبة الكُبار
من بعضُهم كلب العسس
عُشاق يادار
يرعش فى جُحرو ويتنفض
ومالوش قرار
مع أي حد لو انتصر
يقلبها زار

شهريار لم الحكايه

شهريار لَم الحكايه
وابتدى يسافر بعيد
واللى باقي يادوب يكمل
أجرة السكه الحديد
ع السفر ناوي ومهاجر
يرتحل يمكن جديد
والبلد دي حالها واقف
ماشي بس مع العبيد
واللي بيعافر يبخر
أو يوطي يبوس فى ايد
أو يكفن حلم عُمرو
ويرضى بس يكون بليد
ينتحب يُمضُغ كرامته
ينتظر ومافيش بريد
يثبت ان الحلم قرب
أو أمل عن شىء جديد
وان يعني الحال حيفرَج
فى البلد ويهل عيد
مره واحده نشوف ملامحو
ومُش ضرورى سلام بإيد
حتى لو شاور كفايه
بس مره نشوف جديد
ولا كالعاده الحكايه
نلمَها ويبقى النشيد
شهريار لَم الحكايه
وكُلنا مسافرين بعيد

ويفوز بالثوره مُجرم

ثوره ويرسمها حالم
ويقوم ابن الحلال
ويصدق بُكره ا حسن
ويعاند فى الجبال
يهتف ويعلى حسو
يلا وبدأ النضال
ينزل يفتح ميدانو
وينادى بصوت بلال
هانت والفجر قرب
يلا وهاتوا العيال
تفرح وتشوف معانا
حلم وسهل المنال
بس احنا نقول حنحلم
ونصمم مهما طال
فجأه بتنزف فى دمك
وتموت يا ابن الحلال
ويفوز بالثوره مُجرم
عره وشبه الرجال
ثوره بيرسمها حالم
وتموت يابن الحلال
والحلم يروح فى كرشو
عره وشبه الرجال

صفصفتِ

وحدها الحواديت بتخلص
صفصفت جابت أخرها
وانتا قاعد بس تفتل
منتظر راح ييجي غيرها
والمواسم فجأه خلصت
عزلت بدأت مسيرها
واللي فاضل بس شوقك
لليمامه وصوت هديلها
أو خيول روحك تعاند
تنتفض يملاك صهيلها
بس خيلك فجأه شاخت
غربت سلكت سبيلها
وابتدت سفر النهايه
مُهلكه ومهدود ياحيلها
واللي فاضل بس تعرف
صفصفت جابت أخرها
لم أوهامك وودع
يلا شوفلك شُغله غيرها
نسج فى الحواديت ماعادشى
صفصت جابت اخرها

خُساره

خُسارة عُمرنا الضايع
ورسمتنا فخرايطها
وحفظ تاريخها ع الفاضي
وف الأخِر هلافيتها
بلاد مفتوحه للغازي
وللعاشق خرابتها
سجون دايمه ومفتوحه
وتعدمنا طواغيتها
خوازيقهُم مجالسنا
سواد دايم حواديتها
ومحفوظه التُهم جاهزه
لثوارها وخزين بيتها
شبابها ولادها وبناتها
وصُناعها لفرحتها
وكالعاده النشيد يخلص
ويدارى فمغارتها
وتُحكُم محكمه ظالمه
بكُتابها بحُجابها بهيئتها
رعاع واتطاولوا ع الحاكم
وكان لازم مُحاسبتها
بتغريبها بتعذيبها
بتوصيلها لتُربتها

ديل حُصان

ويا ديل حُصان
شعرو لحبيبي
وضحكتو بتنسج مدار
والكون يلف ف أسرها
وتصبح مزار
ماليه المداين بالفرح
ماحيه المرار
يضحك وتُشرُق ضحكتو
وهل النهار
شبابيك تُطُل
ومشربيه ف ألف دار
وعيون كتيره
بتشتهى فتحة ستار
والمُستحيل فى العشق
لسا ما نعرفوش
ولافيش جدار
والحلم إيدنا بتنقُشوا
وبأختيار
يضحك حبيبي ويبتسم
وانا اكون نهار
مهما الأمانى اتأخرت
أو حلم جار

يلا يا كتاكيت

يلا يا كتاكيت نحكي الحواديت
عن ناس خرباها وبايعه البيت
والبيت كان عالي تاريخ ومقام
والبير مليان بالميه غويط
والناس على بابو كتير طوابير
يستنوا الخير من طرح الغيط
من غزلو كمان يستنوا التوب
(ادريس يانبى الله خياط)
ما هو بلدي زمان كان نبع الخيط
كان نبع العلم ونبع النور
ولضي الدُنيا بلادي الزيت
تسرج وتنور كُل الكون
ولاعُمر ف بلدي بيخلص زيت
لكن يدحدر بيها الحال
يملُكها ديول اشباه طواغيت
عُشاق الزور بيطفوا النور
وكمان بالمره يبيعوا البيت
ويقوم زرزور مرعوب مزعور
واحد من ضمن كتير هلافيت
وينادي بصوتو وكُلو جعير
وف زمن الفسل خلاص لُه صيت
بيجمل صورة سيدو العرص
وينادي ويُصرُخ ع الاقطائيط
ما تهز شويه كمان ياجميل
وبدأنا نهز ونفتح بيت
مش بيت للعلم وللتنوير
...لامؤاخذه بيوت ل اجل الشرا
فى بلاد وخلاص دخلت ع الموت
وماعادشي خلاص ب تجيب كتاكيت
يلا يا كتاكيت ننهي الحواديت

ماخلاص خربوها وباعوا البيت

قُرني انتخابات

عمو بتاع الدبابه
نادا وبيقولك هات
أُمك وأُختك وتعالى
شرفنا فى الانتخابات
لبسهُم ضيق جداً
وابدء خمسه استعباط
وبلاش كده تصبح حمقي
فُكك بقى م الشنبات
ما الكُل ياعم بيرقُص
جات على أُمك بالذات
ماتسيبها ياعم تفرفش
يرضيك فى الغم تبات؟
ولا اختك منك تزعل
ويجيلها كمان إحباط
وعمو بتاع الدبابه يزعل
وتجيلو حالات
يبعت ويجيب قرايبكُم
والكُل ف سجنو يبات
خليهُم يلا يهزوا
وتعيش الانتخابات
واللى بتاع الدبابه
ظبطها وقالك هات
أمك وأُختك ياسي قُرني
وشرفنا فى الانتخابات

راجعين

راجعين ورجوعنا حتمي
مهما يحاولوا التيوس
بدو وعسكر وخونه
وكتير عُباد طاووس
ساجدين للأمريكاني
بايسين إيدهُم لروس
رُعب معشش عليهُم
ناسين كُل الدُروس
ابداً ما تموت بلادي
ومايُسكُنهاش ناموس
جمعوه من كُل حته
واتفقوا مع التيوس
اللي بتحكُم بلادي
وبتراود فى النفوس
العاشقه الحق تخرس
أو تسجُد للناموس
مساكين حُكام بلادي
عُشاق فكر الجاموس
عُشاق لم الجبايه
عُشاق فرض المُكوس
ما قروش كُتُب الملاحم
ولا فتحوا فيوم قاموس
شموا ف سطروا البطوله
ورجال مُش دي التيوس
واحنا الوارثين شرفهم
واخدين عنهُم دروس
راجعين ورجوعنا حتمي
مهما يحاولوا التيوس
عُباد الأمريكاني
بايسين ايدهُم لروس

بلح بلح

بلح بلح خُلص الفرح
والمكبوتين رقصوا وخلاص
وانفضوا عواجيز الفرح
وبقوا الشباب جوا البيوت
راسمين سكوت وهم اتفضح
والكُل راح لكهوف بعيد
ورسملو حلم وفيه سرح
والبُكره فجأه أهو صار سراااااب
والحلم فرخه بتندبح
والحق جُثه على الطريق
ورقص عليه كلب ونبح
والكون مغيم والولاد
بتهش سرب جراد سرح
جوا البلاد ذَل العباد
والكُل بيه الكيل طفح
مكلوم حزين بيقول يامين
ويداوى وطنو اللى انجرح
من يوم ماهلوا الرقاصين
طلبوا الخُلود لاجل البلح
مابقاش فيه شك خلاص يقين
ويا باب جهنم وانفتح
على حلم قام يمحي الآنين
فجأه استباح دمو البلح
وبقى النشيد فى المُخلصين
لُطفك يارب ودون بلح
واطرح يانخل بلادي دود
لكن بلاش تطرح بلح

لا جديد

لسا ساكن فيا سجني
ولسا وحدي ولا جد يد
ونسي طول الصمت فيا
والنظر لسراب بعيد
منتظر شمسك تهلي
وتنتهي كهوف الجليد
والحمام يحمل رسايل
أو يهل بتاع بريد
والحنين ما بعد طاقتي
وسهم راشق فى الوريد
صرت ب استسلم لسجني
والدخول فى سكوت بليد
وانتظار الرحله تخلص
تتنصب قعدة عديد
واللي بتعدد وجعها
صوتو عالي ومن حديد
فرصه لازم تغتنمها
وجودت رصت عديد
من خزين الحُزن فيها
وزودت لطمت بإيد
من تراب الأرض حطت
فوق دماغها ويا وليد
رغم إني ف سني طاعن
بس دا لزوم العديد
زى م الأفراح بتجمع
برضو يبقى الحُزن سِيد
ع الجميع سُلطانو نافذ
ع القُريب والبعيد
حتى ع اللي ف سجنو ساكن
لسا وحدو ولا جديد

بلدك بتعايرك

فى بلاد على طول بتعايرك
إنك ساكن أراضيها
وكأن الحاكم جابها
واحنا استولينا عليها
أو ورث بتاعة أمو
واحنا اللي بنخرب فيها
مع إنك شارب مُرك
دمك رواي لحراميها
وخرابها يكون بقدومهُم
واحنا بنرجع نبنيها
ويعودوا يجيبوا ضُلفها
نفتح نُكنُس بلاويها
نسهر ونذوق نمسح
دمعه وسكنت فعينيها
ندفع من قوتنا دواها
ونمد الإيد نديها
ونقول مدي ولايهمك
بإيديكي اللُقمه خُديها
وف داهيه نموت من جوعنا
وانتى اللي باقيلنا خُديها
نشبع بس اما تقومى
على حيلك وتعديها
أزمه وراحت يابلدنا
والهي مايوم تعانيها
هانت وخلاص راح نفرح
فجأه يعايرك حراميها
إنك لساك متنيل
قاعد ساكن أراضيها
وكأنو خلاص دي تكيه
ورث لأُمو وأهاليها

المحتويات

إعدام
مصر كدبه
دام يناير
القهر
ثوره جايه
100 سنه
مُصيبة بُكرا
كومبارس الأمم
غلطه
بواقي بنى أدم
تستاهلى
وهم
وطن للنسيان
ناس ودُنيا
الحقيقه
بدله كاكي
يوم بيومو
تفويض
البتاعه
المُستحيل
السجن للجميع
إبداع
فقر العُشاق
إنسحاب
نموت وتحيا
إنجازات
مشايخ السُلطان
القرار من تل ابيب
دم مش غاز
الحق نسبي
حلم خالى من العساكر

حيره

لما تبكي ان انتا مصري

همس

بلاد كارهه المُبدعين

خيبه دايمه

عم يا عبد العساكر

الأمان في البرطمان

ذلها الدايم

غياب

إنهيار قريب

شهريار لم الحكايه

ويفوز بالثوره مُجرم

صفصفت

خُساره

ديل حُصان

يلا يا كتاكيت

قُرني انتخابات

راجعين

بلح بلح

لا جديد

بلدك بتعايرك

Don't miss out!

Visit the website below and you can sign up to receive emails whenever طارق التريري publishes a new book. There's no charge and no obligation.

https://books2read.com/r/B-A-KEUT-DNXYB

BOOKS 2 READ

Connecting independent readers to independent writers.

About the Author

منشوراتي

<u>في بلاد الأي حد</u>

<u>قلبي اللي عشقك</u>

<u>إنفصامستان</u>

<u>وجع القصيده</u>

<u>كُل العساكر كدابين</u>

<u>الصُبح في بلادي</u>

<u>شباكي الفاتح</u>

<u>سُلطان العاشقين</u>

<u>قُليل لما باشتاقلي</u>

<u>دوايرك</u>

<u>دم الحُسين</u>

<u>على باب الله</u>

<u>صباح القُدس</u>

<u>عند باب الحلم</u>

<u>لماكانت مصر دوله</u>

ذكريات الميدان
التُهمه عربي
Read more at tarqablog.blogspot.com.

9 798223 218166